La venta de pastelitos

Multiplicar y dividir

Tony Hyland

Créditos de publicación

Editora
Sara Johnson

Directora editorial
Emily R. Smith, M.A.Ed.

Editora en jefe
Sharon Coan, M.S.Ed.

Directora creativa
Lee Aucoin

Editora comercial
Rachelle Cracchiolo, M.S.Ed.

Créditos de imagen

El autor y los editores desean agradecer y reconocer a quienes otorgaron su permiso para la reproducción de materiales protegidos por derechos de autor: portada, Big Stock Photos; Título, Photodisc; pág. 4 (abajo), Photodisc; pág. 4 (arriba), Shutterstock; pág. 6, Photodisc; pág. 7, Corbis; pág. 8, Big Stock Photos; pág. 9, Elvele Images/Alamy; pág. 10, Corbis; pág. 11, Kevin Foy/Alamy; pág. 12, Jochen Tack/Alamy; pág. 13, Corbis; pág. 14, Visions of America, LLC/Alamy; pág. 15, Visions of America, LLC/Alamy; pág. 16, I Stock Photos; pág. 17, NYCFoto.com; pág. 18, Shutterstock; pág. 19, NYCFoto.com; pág. 20, Corbis; pág. 21, Stock Connection Blue/Alamy; pág. 22, Getty Images; pág. 23, Alex Segre/Alamy; pág. 24 (izquierda), Photodisc; pág. 24 (derecha), Ken Welsh/Alamy; pág. 25, Alice McBroom; pág. 26 (arriba), Photodisc; pág. 26 (abajo a la izquierda), Shutterstock; pág. 26 (abajo a la derecha), Big Stock Photos; pág. 27 (arriba), Big Stock Photos; pág. 27 (abajo a la derecha), Shutterstock; pág. 27 (abajo a la izquierda), Corbis RF; pág. 29, Big Stock Photos

Si bien se ha hecho todo lo posible para buscar la fuente y reconocer el material protegido por derechos de autor, los editores ofrecen disculpas por cualquier incumplimiento accidental en los casos en que el derecho de autor haya sido imposible de encontrar. Estarán complacidos de llegar a un acuerdo adecuado con el legítimo propietario en cada caso.

Teacher Created Materials

5301 Oceanus Drive
Huntington Beach, CA 92649-1030
http://www.tcmpub.com
ISBN 978-1-4938-2926-2

Contenido

¡Gigantesca venta de pastelitos!

En la escuela habrá una gigantesca venta de pastelitos. Los fondos que se recauden de la venta serán para comprar libros nuevos para la biblioteca.

Como me gusta leer, quiero ayudar. Tal vez pueda hornear algo para vender en el evento.

¿Cuánto dinero?

La escuela de Corey quiere recaudar $500.00 para comprar libros nuevos. Hasta el momento, se han recaudado $150.00. ¿Cuánto dinero necesitan recaudar?

Me encanta hornear. Mi abuelo era **panadero**.
Todavía hornea un delicioso pan en casa. Algunos fines
de semana, el abuelo también me enseña a hacer pan.

Un panadero en 1965

EXPLOREMOS LAS MATEMÁTICAS

La **panadería** del abuelo vendía las hogazas
de pan a $2.00. ¿Cuántas hogazas de pan
puedes comprar con el siguiente dinero?

a. $9.00   **b.** $12.00   **c.** $19.00

¿Qué hornearemos?

Le pedí al abuelo que me ayudara a hornear pan para la venta de pasteles.

—¿Por qué no hacemos mis famosos pastclitos de fruta en vez de hornear pan? —respondió el abuelo.

—¡Excelente idea! —dije—. Pero tendrás que ayudarme. No he horneado pastelitos antes.

Los famosos pastelitos de fruta del abuelo

El abuelo dijo:

—Mi **receta** rinde para 12 docenas de pastelitos de fruta. Eso es igual a 144 pastelitos. Solía hacer esa tanda completa en el horno grande de la panadería.

—¡Pero no podemos poner 144 pastelitos en nuestro horno! —dije.

El horno de la panadería del abuelo

EXPLOREMOS LAS MATEMÁTICAS

El abuelo sugirió hornear 144 pastelitos. Escribe una **ecuación** para responder el siguiente problema.

a. El abuelo puede hornear 12 pastelitos en cada tanda. ¿Cuántas tandas necesita para hacer 144 pastelitos?

—¡No te preocupes! —dijo el abuelo—. Dividiremos la receta en tandas. Los 144 pastelitos divididos en 3 tandas equivalen a 48 pastelitos por tanda.

—¡Excelente! Tenemos 4 bandejas de pastelitos; en cada una caben 12 pastelitos, así que, es perfecto —dije.

$$144 \div 3 = 48$$

La receta del abuelo

Primero, el abuelo y yo debíamos resolver qué **ingredientes** necesitábamos. El abuelo me mostró la receta de los famosos pastelitos de fruta que preparaba en su panadería. Esta es la receta para 144 pastelitos.

Los famosos pastelitos de fruta del abuelo

Ingredientes: (rinde 144 pastelitos)

18 huevos

8 tazas de harina

8 tazas de azúcar

8 tazas de mantequilla (ablandada)

9 cucharaditas de polvo de hornear

21 onzas de albaricoques deshidratados picados

21 onzas de pasas

9 onzas de almendras molidas

Medidas de cocina

Una taza es una unidad que se utiliza para medir volumen.
    1 taza = 8 onzas líquidas

Preparación:

- Precalentar el horno a 350 °F (180 °C).

- Colocar los recipientes para hornear en las bandejas de pastelitos.

- Mezclar los huevos, la harina, el azúcar, la mantequilla y el polvo de hornear en un tazón para batir grande.

- Agregar las pasas, los albaricoques y las almendras molidas al tazón y mezclar.

- Colocar la mezcla en las bandejas con 12 orificios para pastelitos.

- Hornear los pastelitos durante 20 minutos o hasta que estén dorados.

- Retirar los pastelitos del horno y sacarlos de las bandejas.

- Dejar enfriar.

EXPLOREMOS LAS MATEMÁTICAS

Se necesitan 18 huevos en total para hacer 144 pastelitos. ¿Cuál de las expresiones a continuación suma 18?
Pista: Recuerda resolver primero la parte entre paréntesis.

a. $(3 \times 5) + 3$ **b.** $(1 \times 8) + 2$ **c.** $(6 \times 2) + 1$

Se necesita un total de 21 onzas de pasas. ¿Cuál de las expresiones a continuación suma 21?

d. $(2 \times 7) + 9$ **e.** $(10 \times 2) + 1$ **f.** $(3 \times 8) + 2$

Cambio de receta

—Pero esa receta muestra cuántos ingredientes se necesitan para preparar 144 pastelitos —le dije al abuelo—. Solo podemos hacer 48 pastelitos por tanda.

—¿Qué hacemos entonces? —preguntó el abuelo.

Los famosos pastelitos de fruta del abuelo

Ingredientes: (rinde 144 pastelitos)

18 huevos

8 tazas de harina

8 tazas de azúcar

8 tazas de mantequilla (ablandada)

9 cucharaditas de polvo de hornear

21 onzas de albaricoque deshidratados picados

21 onzas de pasas

9 onzas de almendras molidas

—Bueno, la receta es para 144 pastelitos. Y solo puedo hacer 48 por tanda. Ya sabemos que puedo hacer 3 tandas de 48 pastelitos —dije.

144 ÷ 48 = 3 tandas

Pensé por un momento. —Eso significa que también debemos dividir las **cantidades** de los ingredientes entre 3.

—¡Muy bien! —respondió el abuelo.

Primero, escribí las cantidades antiguas. Luego, dividí cada una entre 3.

Cantidades antiguas

18 huevos	÷ 3	21 onzas de albaricoques deshidratados picados	÷ 3
8 tazas de harina	÷ 3	21 onzas de pasas	÷ 3
8 tazas de azúcar	÷ 3	9 onzas de almendras molidas	÷ 3
8 tazas de mantequilla (ablandada)	÷ 3		
9 cucharaditas de polvo de hornear	÷ 3		

EXPLOREMOS LAS MATEMÁTICAS

Algunas veces, el número que dividimos no se divide en partes iguales. Por ejemplo, 8 ÷ 3 no se divide en grupos iguales. Sobra algo. Estas partes que sobran se llaman resto.

Podemos mostrar 8 ÷ 3 en un problema de división largo.

$$3 \overline{)\ 8}$$

¿Cuántos grupos de 3 hay en 8? Hay 2 grupos y sobran 2.

$$
\begin{array}{r}
2 \text{ R } \circled{2} \\
3 \overline{)\ 8} \\
-6 \\
\hline
2
\end{array}
\quad \frac{2}{3}
$$

Dos grupos de 3 es igual a 6 con un resto de 2. El resto se escribe como una **fracción**.

Entonces, la respuesta se escribe como $2\frac{2}{3}$.

Luego, escribí las nuevas cantidades que necesitaba para preparar 24 pastelitos por tanda.

Nuevas cantidades

6 de huevos

2 $^2/_3$ tazas de harina

2 $^2/_3$ tazas de azúcar

2 $^2/_3$ tazas de mantequilla (ablandada)

3 cucharaditas de polvo de hornear

7 onzas de albaricoques deshidratados picados

7 onzas de pasas

3 onzas de almendras molidas

EXPLOREMOS LAS MATEMÁTICAS

Haz una división larga para resolver estos problemas.

a. $10 \div 3$

b. $12 \div 5$

A comprar los ingredientes

El día antes de la venta de pastelitos, el abuelo llegó a mi casa temprano por la mañana.

—Corey, vamos al mercado —me dijo—. Tenemos que comprar los ingredientes.

Decidí usar $20.00 de mis ahorros para comprar los ingredientes. Pero me preocupaba que no fuera suficiente.

—No te preocupes —dijo el abuelo—. Te prestaré un poco. Me encanta ayudar.

El abuelo me dio $30.00. Fuimos a la tienda. Nos tomó algo de tiempo, pero conseguimos todos los ingredientes que necesitábamos. Y nos sobraron $15.00. Le devolví esos $15.00 al abuelo.

De vuelta a casa

Era hora de comenzar a hornear.

—Creo que podremos hacer 3 tandas con facilidad —dijo el abuelo—. Limpia la mesa y la encimera. Tenemos trabajo que hacer.

Primero, el abuelo prendió el horno para calentarlo. Luego, medí los ingredientes. Los mezclé en un tazón para hacer la primera tanda.

¿Cuántas unidades son una docena?

Una docena significa 12. Usualmente, los huevos se venden por docena o media docena (6 huevos).

Corey y el abuelo preparan 48 pastelitos por vez. Escribe al menos 2 ecuaciones de **multiplicación** y al menos 2 ecuaciones de **división** con estos números: 4, 6, 24, 48.

Mientras mezclaba los ingredientes, el abuelo sacó las bandejas para los pastelitos. Tenían forma rectangular.

—Cuatro docenas de pastelitos casi listas —dijo el abuelo—. Vierte la mezcla en las bandejas, Corey.

Al principio, no creí que cabrían 12 pastelitos en cada bandeja. Todas las bandejas parecían diferentes. Pero luego las miré más detenidamente. ¡Las bandejas eran iguales! La diferencia estaba en el modo en el que las miraba.

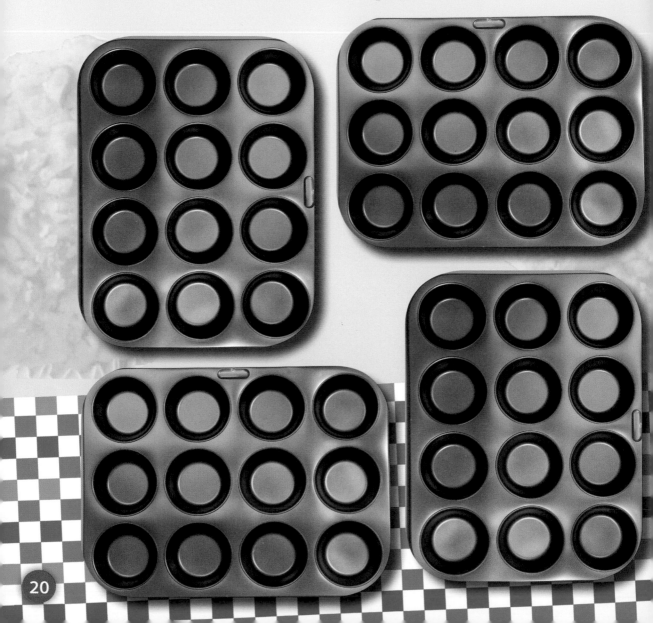

En las primeras 2 bandejas cabían
12 pastelitos. Estaban ordenadas
en 3 hileras de 4 orificios
para pastelitos.

$3 \times 4 = 12$

En las otras bandejas
también cabían 12 pastelitos.
Estaban ordenadas en
4 hileras de 3 orificios
para pastelitos.

$4 \times 3 = 12$

El abuelo puso las 4 bandejas en el horno. Después de 40 minutos, la primera tanda de pastelitos estaba lista. Mamá y papá entraron a la cocina para ver cómo nos estaba yendo al abuelo y a mí.

—Ya hicieron 48 pastelitos —dijo mamá—. ¿Cuántas tandas de pastelitos les quedan por preparar?

—Nos quedan 2 tandas —respondí—. Cada tanda tiene 48 pastelitos. Así que, 2 multiplicado por 48 equivale a 96 pastelitos que hay que hornear.

Papá se rio.

—Será mejor que sigan horneando —dijo.

EXPLOREMOS LAS MATEMÁTICAS

Corey y el abuelo todavía deben hacer 2 tandas de pastelitos. Hay 48 pastelitos en cada tanda. Ya cocinaron 1 tanda de pastelitos. ¿Qué expresión a continuación refleja lo que han hecho hasta ahora?

a. $(48 \times 2) + 2$ **b.** $(1 \times 48) + 2$ **c.** $(2 \times 48) + 48$

A vender los famosos pastelitos de fruta

El día siguiente en la escuela fue grandioso. La Gigantesca venta de pasteles fue fantástica. Decidí vender los famosos pastelitos de fruta del abuelo a $2.00 cada uno. ¡Y los vendí todos!

Estaba muy feliz. Había ganado $288.00. Pero todavía le debía $15.00 al abuelo. Y había usado $20.00 de mis ahorros para comprar los ingredientes.

Los famosos pastelitos de fruta del abuelo

~~$2 cada uno~~

¡AGOTADOS!

EXPLOREMOS LAS MATEMÁTICAS

Corey vendió los pastelitos a $2.00 cada uno. Vendió todos los 144 pastelitos. Por lo tanto, ganó $288.00.

a. Si Corey hubiera vendido los pastelitos a $3.00 cada uno, ¿cuánto dinero habría ganado?

b. Si Corey hubiera vendido los pastelitos a $2.50 cada uno, ¿cuánto dinero habría ganado?

Del total de $288.00, resté $20.00. Y los devolví a mis ahorros. Luego, resté los $15.00 que le debía al abuelo. Quedaron $253.00 para donar a la escuela para la compra de libros nuevos para la biblioteca.

Estaba muy orgulloso. En pocas semanas, la biblioteca de la escuela tendría libros nuevos. Y ahora, en la escuela, era popular por haber preparado los famosos pastelitos de fruta del abuelo.

EXPLOREMOS LAS MATEMÁTICAS

Corey ganó $288.00. Restó sus **gastos** y donó a la escuela $253.00.

a. Si los libros cuestan $6.00 cada uno, ¿cuántos libros puede comprar la escuela con su donación?

b. ¿Sobrará algo de dinero?

Contar pasteles

Ada prepara pastelitos para una venta de pasteles.
Su receta alcanza para 25 pastelitos por tanda.

¡Resuélvelo!

a. Si Ada quiere vender 150 pastelitos, ¿cuántas tandas deberá hacer?

b. Ada quiere vender los pastelitos en bandejas en las que caben 4 pastelitos. ¿Cuántas bandejas de pastelitos podrá vender? ¿Le sobrará algún pastelito?

c. Si Ada vende cada bandeja de pasteles a $2.00, ¿cuánto dinero ganará?

Usa los pasos a continuación para resolver los problemas.

Paso 1: Determina cuántas tandas de pastelitos deberá hacer Ada para obtener 150 pastelitos.

Paso 2: Determina cuántas bandejas de 4 pastelitos podrá vender Ada.

Paso 3: Determina si le sobra algún pastelito. Escribe la respuesta sobre los pastelitos restantes como una fracción.

Paso 4: Determina cuánto dinero ganará Ada si vende todas las bandejas de pastelitos.

Glosario

cantidades: porciones

división: una operación matemática en la que un número se agrupa en partes iguales

ecuación: un enunciado matemático para demostrar que dos cantidades son iguales

fracción: parte de un grupo, un número o todo un conjunto

gastos: costos

ingredientes: componentes necesarios para una receta

multiplicación: una operación matemática en la que un número se suma a sí mismo varias veces

panadería: una tienda en la que se hornea y vende pan

panadero: una persona cuyo trabajo consiste en hornear pan

receta: instrucciones para cocinar algo

Índice

Exploremos las matemáticas

Página 5:
a. $9.00 ÷ $2.00 = 4 hogazas de pan y sobra $1.00
b. $12.00 ÷ $2.00 = 6 hogazas de pan
c. $19.00 ÷ $2.00 = 9 hogazas de pan y sobra $1.00

Página 7:
a. 12 tandas × 12 pastelitos = 144 pastelitos

Página 11:
a. $(3 \times 5) + 3$
e. $(10 \times 2) + 1$

Página 15:

a.
$$\begin{array}{r} 3\ R\ 1 \\ 3\overline{)\ 10} \\ -9 \\ \hline 1 \\ 1\frac{1}{3} \end{array}$$

b.
$$\begin{array}{r} 2\ R\ 2 \\ 5\overline{)\ 12} \\ -10 \\ \hline 2 \\ 2\frac{2}{5} \end{array}$$

Página 19:
Las respuestas pueden variar, pero es posible que incluyan la siguiente información:
$4 \times 6 = 24; 24 ÷ 4 = 6; 6 \times 8 = 48; 48 ÷ 8 = 6$

Página 23:
c. $(2 \times 48) + 48$

Página 25:
a. 144 pastelitos × $3.00 = $432.00
b. 144 pastelitos × $2.50 = $360.00

Página 27:
a. $253.00 ÷ $6.00 por libro = 42 libros
b. Sí, sobra $1.00.

Actividad de resolución de problemas

Paso 1: 150 pastelitos ÷ 25 pastelitos por tanda = 6 tandas

Paso 2: 150 pastelitos ÷ 4 pastelitos por bandeja = 37 bandejas y sobran 2 pastelitos

Paso 3:
$$\begin{array}{r} 37\ R\ 2 \\ 4\overline{)\ 150} \\ -148 \\ \hline 2 \end{array} \quad \frac{2}{4}$$
$$= 37\frac{2}{4}$$

Paso 4: $2.00 × 37 = $74.00